张开土地之翼　放飞乡村振兴之梦

——内蒙古乡村振兴之路

吴　全　姚喜军　梁　洁　主编

中国农业大学出版社
·北京·

内容简介

本科普读物从内蒙古自治区自然资源、环境概况、乡村发展类型、农村土地政策、新产业新业态、乡村规划、农村土地整治、土地生态等多个方面，以简洁易懂的语言、生动有趣的图片展示了自治区在乡村振兴战略实施过程中特有的资源优势、地理优势、帮扶政策及面临的生态挑战等，旨在提高农牧民对乡村振兴战略的认识，帮助他们了解国家和自治区对乡村振兴的支持性政策，提高他们建设美丽家园、打造祖国北疆亮丽风景线的积极性。

图书在版编目（CIP）数据

张开土地之翼　放飞乡村振兴之梦：内蒙古乡村振兴之路 / 吴全，姚喜军，梁洁主编．—北京：中国农业大学出版社，2018．10
ISBN 978-7-5655-2114-0

Ⅰ．①张…　Ⅱ．①吴…　②姚…　③梁…　Ⅲ．①农村—社会主义建设—经验—内蒙古　Ⅳ．①F327．26

中国版本图书馆 CIP 数据核字（2018）第 233803 号

书　　名　张开土地之翼　放飞乡村振兴之梦——内蒙古乡村振兴之路
作　　者　吴　全　姚喜军　梁　洁　主编

策划编辑　潘晓丽　　　　责任编辑　潘晓丽
封面设计　郑　川
出版发行　中国农业大学出版社
社　　址　北京市海淀区圆明园西路 2 号　　邮政编码　100193
电　　话　发行部 010-62818525，8625　　读者服务部 010-62732336
　　　　　编辑部 010-62732617，2618　　出　版　部 010-62733440
网　　址　http://www.cau.edu.cn/caup　　**E-mail**　cbsszs@cau.edu.cn
经　　销　新华书店
印　　刷　涿州市星河印刷有限公司
版　　次　2018 年 10 月第 1 版　　2018 年 10 月第 1 次印刷
规　　格　880 × 1230　　32 开本　　2 印张　　53 千字
定　　价　39.00 元

编委会

前　言

2017年，实施乡村振兴战略写进了党的十九大报告，这是继科教兴国战略、人才强国战略、创新驱动战略、可持续发展战略和军民融合发展战略之后，党提出的又一具有深远意义的发展理念。

党的十九大报告中，强调要坚持农业农村优先发展，并提出“产业兴旺、生态宜居、乡风文明、治理有效、生活富裕”的总要求。产业兴旺是乡村振兴战略的基础，产业发展靠什么？靠人、靠技术、靠实实在在的干才能实现。在新时代，乡村是一个大有可为的广阔天地，迎来了非常难得的发展机遇。本科普读物从内蒙古自治区的资源、环境、乡村发展类型、土地政策、农村新产业新业态、乡村规划、土地生态、集约利用等多个方面，以简洁易懂的语言、生动有趣的图片展示了自治区在乡村振兴战略实施过程中特有的资源优势、地理优势、帮扶政策及面临的生态挑战等，旨在提高乡镇（苏木）、村（嘎查）干部和农牧民对乡村振兴战略的认识，帮助他们了解国家和自治区对乡村振兴的支持性政策，提高他们建设美丽家园的积极性。

本书是在自然资源部土地利用重点实验室的直接领导和高度重视下，在中国土地学会土地生态分会的大力支持下，由内蒙古自治区土地调查规划院精心组织实施，国土资源部“能源开发区土地利用——内蒙古鄂尔多斯野外科研观测基地”和中国土地勘测规划院内蒙古土地政策实证研究基地团队成员编写完成，是集体智慧的结晶。在此，我们谨向所有支持、协助和参与本书编写的领导、专家同志表示真诚的谢意。由于编辑资料复杂，时间紧迫，编写人员水平有限等原因，疏漏、不妥之处，敬请谅解。并殷切希望各级领导、专家和读者在阅读时指正，编者对此致以真诚的感谢！

编写组

2018年6月

目　录

第一章 开启乡村振兴新征程

一、什么是乡村振兴

2017 年 10 月 24 日，乡村振兴战略写入党章，2017 年 12 月 29 日中央农村工作会议继续聚焦乡村振兴，阐述乡村振兴战略的目标、道路等。2018 年 1 月中央一号文件提出乡村振兴战略的具体任务与要求。

二、精准脱贫助力乡村振兴

2015年11月27—28日中央扶贫开发工作会议在北京召开。习近平在会议上强调：脱贫攻坚战冲锋号已经吹响，全党全国咬定目标苦干、实干。

2017年6月，乌兰察布市和锡林郭勒盟调研精准扶贫。布小林强调：各级各部门要深入学习贯彻习近平总书记扶贫开发重要战略思想，强化责任担当，坚持精准施策，把脱贫攻坚工作做深入、做精准、做扎实。越是偏远的村，越应该重点关注，因人因户因村分类施策，确保脱贫不落下一户一人。

2018年1月14日，内蒙古自治区党委农村牧区工作会议召开。李纪恒在会上强调：大力实施乡村振兴战略，谱写新时代“三农三牧”发展新篇章。

第二章 内蒙古乡村振兴扬帆起航

内蒙古自治区土地总面积118.3万平方千米，约占我国陆地面积的1/8。内蒙古东西跨度2 400千米，太阳从东部的呼伦贝尔升起，两小时以后才能照到西部的额济纳。这里蕴藏着丰富的自然资源，这里的人均耕地面积占全国第一，这里可以领略草原、沙漠的自然风光，而现在，这里更制定了多个惠民政策，为内蒙古乡村振兴扬帆起航助力。

呼伦贝尔草原

乌拉盖草原

科尔沁沙地

鄂尔多斯露天煤矿

巴丹吉林沙漠

额济纳胡杨林

一、内蒙古乡村概况

内蒙古行政区划概况

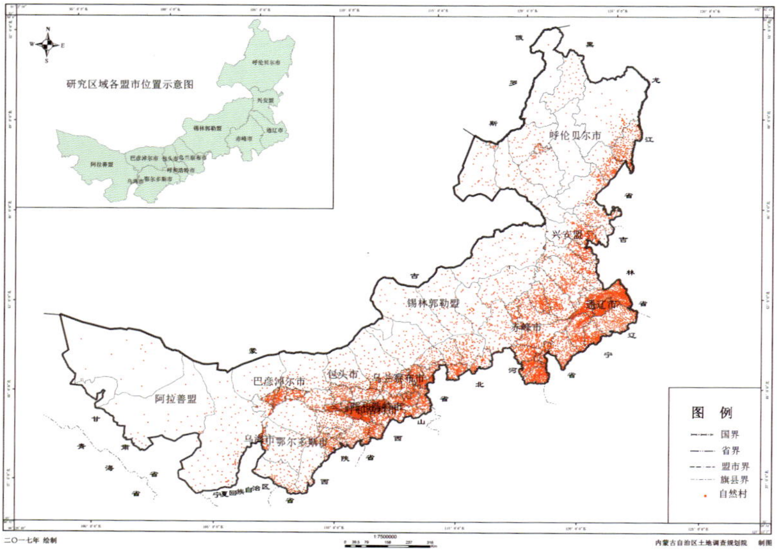

内蒙古村庄分布图

独特的自然、社会经济条件造就了独特的乡村风貌。从东北部的半湿润性气候区到西部的干旱性气候区，从大兴安岭沿麓农业产业带到河套—土默川平原农业主产区，从中蒙俄经济走廊到呼包鄂城市群，内蒙古的乡村也随之有着不同的特点。

二、内蒙古土地资源特点

1. 以农用地为主，林草地比重大

2015 年底，全区土地利用变更调查数据显示，全区农用地、建设用地、未利用地之间比率约为 76∶1∶29，农用地占主导地位，所占比重为土地总面积的 70.51%。农用地内部结构中，林草地面积比较大，其中草地占农用地面积的 60.87%，林地面积为农用地面积的 26.81%，耕地面积仅为农用地面积的 11.25%。

2. 耕地总体质量偏低，优质耕地少

耕地分布相对较集中，但总体质量低，按照全国耕地分等结果，内蒙古自治区耕地等别为 7 ～ 15 等，多数为 13 ～ 15 等的低等别耕地，面积为 759.03 万公顷，占耕地总面积的 82.46%，总体质量偏低，且不同等别面积差距较大。

3. 土地利用的地区差异性明显

内蒙古地处北半球中纬度内陆高原，东西跨越 5 个自然带，地貌差异明显，自然条件复杂多样，区域差异较大，致使土地利用方式、土地利用结构及土地利用程度均存在鲜明的地区性特点。锡林郭勒盟以草地占优势，呼伦贝尔市林地比例较高，阿拉善盟沙地、裸地面积广大。嫩江右岸平原、西辽河平原与河套—土默川平原地区为农耕集中分布区，亦是人口聚集区，土地利用程度较高；自然条件相对恶劣的沙漠、荒漠地区，人口稀少，土地利用程度较低。

草原

林地

沙地

丘陵

4. 土地利用粗放，集约程度低

农业用地地均投入不足，土地产出能力较低，农业土地利用相对粗放，需要通过高标准投入、建设等手段，逐步提高农业用地水平，实现高产出。

建设用地的现状为城乡用地结构不尽合理，集约利用水平较低。一方面，多数城镇规模总体偏小，城镇用地内部结构和布局不尽合理，工业用地比重偏高，待改造的老城区面积较大；另一方面，农村居民点布局分散，人均用地面积超标。

三、丰富的自然资源哺育着这片土地

内蒙古不仅幅员辽阔，历史悠久，还有丰富的自然资源。

★矿产资源

内蒙古是世界最大的“露天煤矿”之乡。中国五大露天煤矿，内蒙古有 4 个，分别为伊敏、霍林河、元宝山和准格尔露天煤矿。

伊敏露天煤矿

霍林河露天煤矿

元宝山露天煤矿

准格尔露天煤矿

在世界上已查明的 140 多种矿产中，内蒙古已发现 120 多种，储量在 10 亿吨以上。

丰富的矿产资源为内蒙古经济的腾飞提供了充足的动力，比如鄂尔多斯市，2005年人均GDP 36 795.99元，2015年人均GDP达到217 200元，10年间，人均GDP增长近6倍，鄂尔多斯市依靠其得天独厚的自然资源，开始了经济腾飞之路。

★光热资源

内蒙古不仅具有丰富的矿产资源，还有丰富的光热条件。一年中4－9月份作物生长期间辐射量占全年总辐射量的65%左右，年日照时数为2 600～3 400小时，10℃以上有效积温达2 000～3 000℃。根据美国宇航局NASA数据库气象资料统计，内蒙古自治区太阳能资源较丰富，太阳能总辐射为1 331～1 722千瓦时/（平方米·年），仅次于西藏，居全国第二位。全区太阳能资源分布特点是自东向西南递增，阿拉善盟、鄂尔多斯市和巴彦淖尔市等地区，太阳能资源较好，尤其是阿拉善盟额济纳旗太阳能资源最为丰富。

光伏产业

除此之外，内蒙古拥有丰富的优质硅矿资源，已发现矿产地40余处，仅巴彦淖尔市硅石资源储量就达3.37亿吨，大部分矿床硅矿石品位达到97%以上，符合生产工业硅指标要求，为内蒙古自治区光伏产业制造业提供了物质基础。

★耕地资源

内蒙古自治区土地面积约占我国土地总面积的12.3%，素有“东林西矿、南农北牧”之称，草原、森林和人均耕地面积均居全国第一，是我国重要的粮仓。但由于特殊的地理位置和自然条件，加之长期对土地资源不合理的开发利用，导致区域土地沙漠化、荒漠化、盐渍化和水土流失等土地退化问题严重，耕地质量总体偏低。

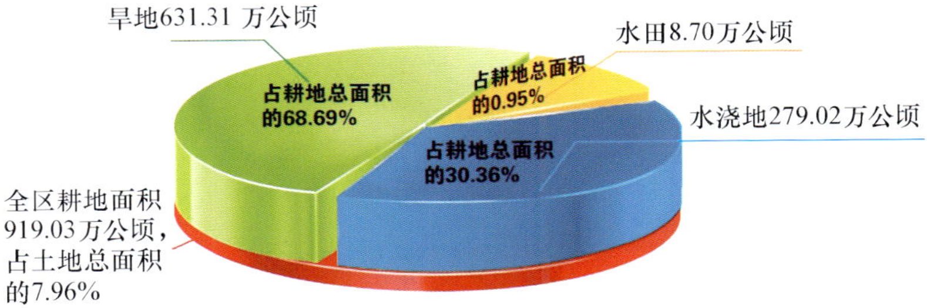

2017年10月30日，在自治区政府常务会议上，布小林主席提出，作为全国重要的商品粮生产基地，内蒙古要主动担负起保护耕地、保障国家粮食安全的重任。要坚守土地公有制性质不改变、耕地红线不突破、农民利益不受损三条底线，坚守最严格的耕地保护制

度和最严格的节约用地制度，依法做好耕地占补平衡工作。可以说，耕地保护在未来仍是内蒙古自治区一项重要的战略与制度。而土地政策是处理土地关系中各种矛盾的重要调节手段，因此，必须不断创新完善现有耕地保护政策，使之更有效地适应当前的耕地保护形势与特征。

四、美丽的自然风光赞美着这片土地

内蒙古自治区旅游资源丰富，概括起来有十大景观，即草原、森林、沙漠、河流、温泉、冰雪、口岸、民族风情、历史古迹、地质奇观。其中不乏世界级精品，如成吉思汗陵、五当召、呼伦贝尔草原、克什克腾世界地质公园、阿尔山国家地质公园、胡杨林等，景观独特，价值极高。截至 2014 年底，内蒙古自治区共有一定规模的旅游景区（点）800 多处，以重点旅游区（点）和旅游城市为支点，形成了 4 条精品旅游线路。

五、惠民政策实施改造着这片土地

2018 年 2 月 13 日，内蒙古自治区党委自治区人民政府印发了《关于实施乡村振兴战略的意见》(以下简称《意见》)。《意见》提出了“落实第二轮土地草原承包到期后再延长 30 年的政策，保持农村牧区土地草原承包关系稳定并长久不变。”“落实农村牧区土地草原所有权、承包权、经营权‘三权分置’制度，在依法保护集体土地草原所有权和农牧户承包权的前提下，平等保护土地草原经营权”“抓好农村牧区土地征收、集体经营性建设用地入市、宅基地制度改革试点工作，稳妥推进房地一体的农村牧区集体建设用地和宅基地使用权确权登记颁证”“完善农牧民闲置宅基地和闲置

农房政策，落实宅基地集体所有权，保障农牧民房屋财产权，适度放活宅基地和农牧民房屋使用权”“完善财政补贴政策，优化存量、扩大增量，支持绿色农牧业发展，提升农牧业质量效益和竞争力”“支持农牧民和合作社入股龙头企业，扶持合作社兴办龙头企业”等一系列对乡村振兴具有助力作用的政策，除此之外，随着包括土地整治、耕地保护、精准扶贫等惠农政策的实施，内蒙古的乡村大地一定会越来越美，越来越强。

第三章

土地政策为乡村振兴保驾护航

实施“乡村振兴”战略，核心是从根本上解决“三农”问题，而解决“三农”问题最关键的是解决好农村的土地问题，农业农村发展仍然要回归到土地上来。改革开放以来，我国发挥土地制度特有的优势，有力地推动了工业化、城镇化进程。实施乡村振兴战略，要实现“产业兴旺、生态宜居、乡风文明、治理有效、生活富裕”目标，同样离不开土地制度的支撑保障。

一、耕地保护政策

（一）耕地数量保护

18亿亩耕地红线是我国粮食安全底线，“十分珍惜、合理利用土地和切实保护耕地”是我国的基本国策。基本农田是耕地的一部分，而且主要是高产优质的那一部分耕地。老百姓称基本农田为“吃饭田”“保命田”。

《土地管理法》明确规定禁止违法占用耕地和闲置荒芜耕地。

第三十一条规定：“国家保护耕地，严格控制耕地转为非耕地。”

第三十七条规定：“禁止任何单位和个人闲置、荒芜耕地。”

第四十四条规定：“建设占用土地，涉及农用地转为建设用地的，应当办理农用地转用审批手续。”

（二）基本农田保护政策

《基本农田保护条例》（1998年12月27日中华人民共和国国务院令第257号发布，根据2011年1月8日《国务院关于废止和修改部分行政法规的决定》修订）第九条规定：“省、自治区、直辖市划定的基本农田应当占本行政区域内耕地总面积的80%以上。”

第十五条规定：“基本农田保护区经依法划定后，任何单位和个人不得改变或者占用。国家能源、交通、水利、军事等重点建设项目选址确实无法避开基本农田保护区，需要占用基本农田，涉及农用地转用或者征收土地的，必须经国务院批准。”

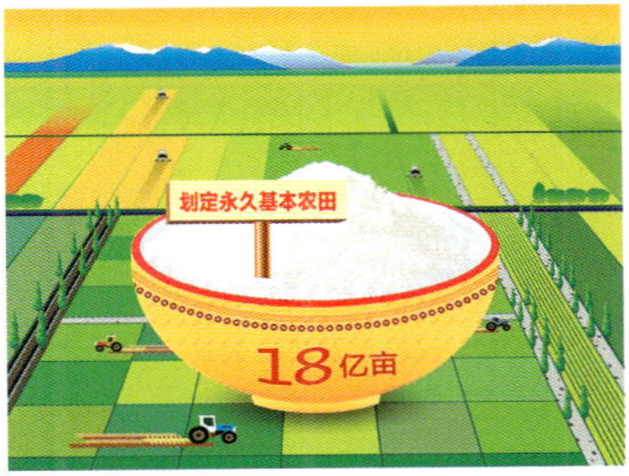

（三）耕地质量保护政策

（1）我国通过大规模开展高标准农田建设，开展土壤改良、地力培肥、治理修复，遏制耕地退化趋势。

（2）同时推行农业补贴政策，补贴资金要与耕地面积或播种面积挂钩，改变用途的耕地，以及长年抛荒地，占补平衡中“补”的面积和质量达不到耕种条件的耕地等不再给予补贴。

（3）农牧民应承担耕地保护责任，主动保护地力，鼓励秸秆还田，不露天焚烧，做到耕地不撂荒、不改变用途、地力不降低。

二、家庭联产承包责任制

《中华人民共和国农村土地承包法》2002年8月29日第九届全国人民代表大会常务委员会第二十九次会议通过，2003年3月1日起施行。

2017年10月31日，土地承包法修正案草案提请十二届全国人大常委会第三十次会议初审。其中明确国家依法保护农村土地承包关系稳定并长久不变。为了给予农民稳定的土地承包经营预期，草案规定，耕地承包期届满后再延长30年。

三、退耕还林还草政策

国家八部委联合下发《关于扩大新一轮退耕还林还草规模的通知》（财农[2015]258号）。《通知》明确，扩大新一轮退耕还林还草规模的主要政策有四个方面：

一是将确需退耕还林还草的陡坡耕地基本农田调整为非基本农田。

二是加快贫困地区新一轮退耕还林还草进度。

三是及时拨付新一轮退耕还林还草补助资金。

四是认真研究在陡坡耕地梯田、重要水源地15~25度坡耕地以及严重污染耕地退耕还林还草的需求。

国家推进退耕还林还草政策，有利于促进生态文明建设和可持续发展，推动连片特困地区脱贫致富，是稳增长、促改革、调结构、惠民生的一项重要政策。

四、宅基地政策

（一）宅基地转让政策

内蒙古自治区实施《中华人民共和国土地管理法》：

第三十八条：“农牧民一户只能拥有一处宅基地，其宅基地面积的标准由自治区人民政府另行规定。”

第三十七条：农牧民有下列情况之一的，宅基地申请不予批准：

（一）结婚后单独立户男女一方已有宅基地的；

（二）出租、出卖或者以其他形式转让宅基地及地上建筑物，再申请宅基地的；

（三）无当地户口的。

（二）宅基地退出政策

目前城市化进程加快，农村人口流入北京、上海、广州等大中城市，造成农村宅基地闲置和浪费，“空心村”“空心房”现象屡见不鲜。宅基地退出机制能够使农村资源得到更有效的利用，而非闲置着，退出过程中应遵循“依法、自愿、有偿”这三个原则，采取有偿退出机制。

（三）宅基地制度改革

2018 年，自然资源部将按照中央要求，结合“三块地”改革试点，完善农民闲置宅基地和闲置农房政策，探索基于权利约束下的宅基地所有权、资格权、使用权“三权分置”，落实宅基地集体所有权，保障宅基地农户资格权和农民房屋财产权，适度放活宅基地和农民房屋使用权。同时，坚持不得违规违法买卖宅基地，严格实行土地用途管制，严格禁止下乡利用农村宅基地建设别墅大院和私人会馆。

五、农村集体土地确权登记发证

农村集体土地确权登记发证是对农村集体土地所有权和集体土地使用权等土地权利的确权登记发证。农村集体土地使用权包括宅基地使用权、集体建设用地使用权等。农村集体土地确权登记发证工作是维护农民权益、促进农村社会和谐稳定的现实需要；是落实最严格的耕地保护制度和节约用地制度、提高土地管理和利用水平的客观需要；是进一步查清宗地的权属、面积、用途、空间位置，建立土地登记簿的过程，也是摸清土地利用情况的过程，从而改变农村土地管理基础薄弱的状况，夯实管理和改革的基础，确认农民与集体、农民与土地长期稳定的产权关系，将农民与土地物权紧密联系起来，可以进一步激发农民保护耕地、节约集约用地的积极性。

（一）宅基地使用权主体确定问题

宅基地使用权应该按照当地省级人民政府规定的面积标准，依法确认给本农民集体成员。非本农民集体的农民，因地质灾害防治、新农村建设、移民安置等集中迁建，在符合当地规划的前提下，经本农民集体大多数成员同意并经有权机关批准异地建房的，可按规定确权登记发证。

已拥有一处宅基地的本农民集体成员、非本农民集体成员的农村或城镇居民，因继承房屋占用农村宅基地的，可按规定登记发证，在《集体土地使用证》记事栏应注记“该权利人为本农民集体原成员住宅的合法继承人”。非农业户口居民（含华侨）原在农村合法取得的宅基地及房屋，房屋产权没有变化的，经该农民集体出具证明并公告无异议的，可依法办理土地登记，在《集体土地使用证》记事栏应注记“该权利人为非本农民集体成员”。

对于没有权属来源证明的宅基地，应当查明土地历史使用情况和现状，由村委会出具证明并公告30天无异议，经乡（镇）人民政府审核，报县级人民政府审定，属于合法使用的，确定宅基地使用权。

（二）不同的历史阶段超面积的宅基地确权登记发证问题

1982年《村镇建房用地管理条例》实施前，农村村民建房占用的宅基地，在《村镇建房用地管理条例》实施后至今未扩大用地面积的，可以按现有实际使用面积进行确权登记；1982年《村镇建房用地管理条例》实施起至1987年《土地管理法》实施时止，农村村民建房占用的宅基地，超过当地规定的面积标准的，超过部分按当时国家和地方有关规定处理后，可以按实际使用面积进行确权登记；1987年《土地管理法》实施后，农村村民建房占用的宅基地，超过当地规定的面积标准的，按照实际批准面积进行确权登记。其面积超过各地规定标准的，可在土地登记簿和土地权利证书记事栏内注明超过标准的面积，待以后分户建房或现有房屋拆迁、改建、翻建、政府依法实施规划重新建设时，按有关规定做出处理，并按照各地规定的面积标准重新进行确权。

（三）集体建设用地的确权登记发证问题

村委会办公室、医疗教育卫生等公益事业和公共设施用地、乡镇企业用地及其他经依法批准用于非住宅建设的集体土地，应当依法进行确权登记发证，确认集体建设用地使用权。将集体土地使用权依法确认到每个权利主体。凡依法使用集体建设用地的单位或个人应申请确权登记。

对于没有权属来源证明的集体建设用地，应查明土地历史使用情况和现状，认定合法使用的，由村委会出具证明并公告 30 天无异议的，经乡（镇）人民政府审核，报县级人民政府审批，确权登记发证。

（四）农村违法宅基地和集体建设用地问题

违法宅基地和集体建设用地必须依法依规处理后方可登记。对于违法宅基地和集体建设用地，应当查明土地历史使用情况和现状，对符合土地利用总体规划与村镇规划以及有关用地政策的，依法补办用地批准手续后，进行登记发证。

（五）违法用地问题

结合全国土地登记规范化检查工作，全面加强土地登记规范化建设。严格禁止搞虚假土地登记，严格禁止对违法用地未经依法处理就登记发证。对于借户籍管理制度改革或者擅自通过“村改居”等方式非经法定征收程序将农民集体所有土地转为国有土地、农村集体经济组织非法出让或出租集体土地用于非农业建设、城镇居民在农村购置宅基地、农民住宅或“小产权房”等违法用地，不得登记发证。对于不依法依规进行土地确权登记发证或登记不规范造成严重后果的，严肃追究有关人员责任。

六、农村土地流转

（一）土地承包经营权流转

农村土地流转是指农村家庭承包的土地通过合法的形式，保留承包权，将经营权转让给其他农户或其他经济组织的行为。伴随我国工业化、信息化、城镇化和农业现代化进程，农村劳动力大量转移，农业物质技术装备水平不断提高，农户承包土地的经营权流转明显加快，发展适度规模经营已成为必然趋势。实践证明，土地流转和适度规模经营是发展现代农业的必由之路，有利于优化土地资源配置和提高劳动生产率，有利于保障粮食安全和主要农产品供给，有利于促进农业技术推广应用和农业增效、农民增收。土地承包经营权流转，不得改变土地集体所有性质、不得改变土地用途、不得损害农民土地承包权益，这“三个不得”是农村土地流转必须遵循的重大原则。流转的形式包括转包、转让、入股、租赁、互换等。

（二）集体建设用地流转

《土地管理法》第四十三条规定：“任何单位和个人进行建设，需要使用土地的，必须依法申请使用国有土地；但是，兴办乡镇企业和村民建设住宅经依法批准使用本集体经济组织农民集体所有的土地的，或者乡（镇）村公共设施和公益事业建设经依法批准使用农民集体所有的土地的除外。”

党的十八届三中全会提出建立城乡统一建设用地市场，允许集体经营性建设用地与国有土地同等入市、同权同价，为我国土地制度改革指明了方向。2015 年 2 月 27 日通过的《全国人民代表大会常务委员会关于授权国务院在北京市大兴区等 33 个试点县（市、区）行政区域暂时调整实施有关法律规定的决定》规定在符合入市前提的条件下，允许存量集体建设用地进入土地市场，自治区和林格尔县是全国 33 个农村土地制度改革试点县（市）之一。

七、农村土地征收

土地征收是指国家为了公共利益需要，依照法律规定的程序和权限，将农民集体所有的土地转化为国有土地，并依法给予被征地的农村集体经济组织和被征地农民合理补偿和妥善安置的法律行为。

农村土地征收赔偿标准由土地补偿费、安置补助费、青苗及地上附着物补偿费构成

1.各项征地补偿费用的具体标准、金额由市、县政府依法批准的征地补偿安置方案规定。

2.政府征收农民土地，除应有合法项目外，也可以通过土地收储机构进行储备， 按照法定程序，给予被征收人合理补偿，先补偿，再征收，任何违反以上基本原则的征收行为都属于违法征收。被征收人可以拒绝签订征地补偿安置协议，以申请信息公开， 提起行政复议、行政诉讼等方式争取自己的合法权利

一是缩小土地征收范围，二是规范征地程序， 三是完善对被征地农民合理、规范、多元的保障机制。目标是建立完善程序规范、补偿合理、保障多元的征收制度

第四章
空间规划为乡村振兴指明航向

空间规划围绕土地开发、利用、保护和整治的要求，科学构建城市化格局、农业发展格局、生态安全格局，形成合理的生产、生活、生态空间规划，统筹推进农村牧区山、水、林、田、湖、路、村、房建设，改善农村人居和生态环境，增强乡村可持续发展能力，促进全面建成小康社会。

一、什么是空间规划

空间规划指在一定时期内，以主体功能区规划为基础，全面摸清并分析国土空间本底条件，划定生产、生活、生态空间以及生态保护红线、永久基本农田和城镇开发边界，加强开发强度管控和主要控制线落地，统筹各类空间性规划。

二、空间规划提出的背景

党的十八大以来，以习近平同志为核心的党中央高度重视生态文明建设，要求牢固树立和贯彻落实创新、协调、绿色、开放、共享的发展理念，按照人口资源环境相均衡、经济社会生态效益相统一的原则，整体谋划国土空间开发与保护，推进“多规合一”的战略部署，构建科学的

城市化格局、农业发展格局、生态安全格局，形成合理的生产、生活、生态空间规划，促进人与自然和谐共生。乡村空间规划强化了乡村国土开发以及对空间利用的引导和管控，围绕土地开发、利用、保护和整治的要求，细化规划空间、时序安排，统筹推进山、水、林、田、湖、路、村、房统一规划。

三、乡村空间规划的主要内容

乡村空间规划就是要结合自然资源、经济社会发展状况和土地权属等基础条件，围绕村庄经济社会发展和土地利用格局优化战略目标，加强重要资源保护和空间管制，提升资源配置和利用效率，改善农村人居生态环境，健全基础设施和基本公共服务设施。不断优化村域空间开发格局，提高节约集约用地水平；严守耕地保护红线，稳步提升粮食生产能力；改善农村人居和生态环境，加快新农村建设和城乡协调发展，增强乡村可持续发展能力，促进全面建成小康社会。

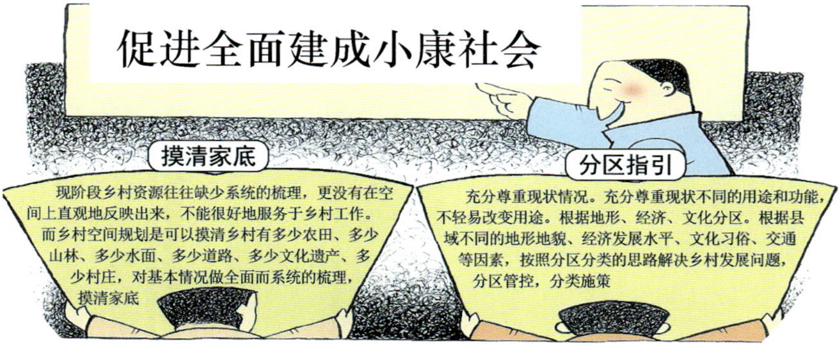

四、乡村空间规划的特点

1. 梳理乡村空间体系

乡村发展是点线面的结合，有重点有一般、有积聚也有放松，才能更有机地发展。梳理体系、合理布局，有重点有先后地科学推进，根据不同的建设标准、不同的规模和不同的建设时序，有步骤地实现乡村的全面振兴。

2. 优化项目配置

不同的乡村地区在社会事业、文化、产业、乡村建设等方面存在差异化的需求，总体看项目配置又存在分布的不均衡，要通过优化项目配置，补齐短板，发展重点，均衡布局。

3. 多规协调，相互融合

这些年，国家产业、生态、建设、社会、文化等方面建设了很多农村建设项目，但是不少项目之间缺乏协调，利用率不高；有些项目只注重功能建设，没有与周边的乡土环境相协调。通过空间规划指引、多规协调把这些项目统一起来，减少冲突、复合利用，同时，建设得更具有乡土特色，最大价值地发挥建设项目的综合作用。

4. 风貌美丽，和谐统一

当下的乡村建筑风貌存在着布局混乱、简陋呆板、张冠李戴等问题，与自然和乡村社会不和谐 。也出现了很多三面光的水渠、挖山填湖的道路等破坏乡村风貌的现象，未来要用自由灵活的布局、本地的建筑材质、传统的形式和图案、绿树掩映的方式做出和谐统一、美丽而有特色的风貌。乡村风貌要充分尊重地域、民族、乡土，要反映生产、生活，要体现时代和文化。未来乡村对工矿厂房、农业大棚、河塘沟渠、农业种植、树木绿化、建筑风貌等，都要进行系统管控和引导。

5. 当前农村的建设热点

当前农村的建设热点，包括农民的产业（农田水利设施、厂房、大棚、水渠、棚圈），公共服务设施和基础设施（道路交通、桥梁、墓地），人居环境（房屋、村庄改造、树木、黑臭水体和沟渠的治理）等。

五、利用乡村空间规划　振兴乡村建设

乡村空间规划通过结合村庄资源禀赋、区位优势和历史人文等实际状况，促进零散村庄适度集中，优化村镇布局，改善村容村貌，推进新型农村社区、特色小镇建设，实施公共服务均等化，不断丰富美丽乡村建设内容、拓宽美丽乡村建设途径。将美丽乡村建设逐步由环境提升向美丽经济延伸，建设集历史、人文、山水、民

俗为一体，以宜游、宜居、宜购、宜业为特色的美丽乡村发展新格局。

1. 改善农村人居环境和建设人居环境

中国自古是乡村社会，陶渊明的诗句“采菊东篱下，悠然见南山”是古代乡村美好意境的写照。今天提出振兴乡村，是要乡村功能完善、人居环境美丽宜居，各具特色，还要达到乡村发展有人气、有活力，适合生产生活“诗意栖居”的美妙意境。

2. 优化乡村布局

乡村振兴不能脱离城镇化的大背景。随着新型城镇化的推进，不同地区的村庄会出现分化，不可能所有村庄都振兴。乡村振兴不能简单按行政单位在所有村庄中实施，应根据不同地区的资源要素，依靠有活力、有资源、带动力强的村庄，因地制宜地采取小集中、大均衡的模式有效推进，从而带动乡村全面发展。对于一些不具备条件的、人口流失的空心村，应退宅还田还林，恢复生态，实施生态治理。

3. 特色产业发展

乡村产业以新经济、新业态为重点，将现代物流、“互联网 +”等新经济形态融入乡村产业发展，推动资源要素的整合集成与优化重组，形成各具特色的小乡村。推动生态保护与特色产业发展、旅游发展互促共融，新型城镇化与旅游业有机结合，打造宜居宜业宜游的优美环境。吸引以社会资本为主投资建设，坚持企业主体、政府引导、市场化运作的模式，坚持节约用地，集约化提升乡村用地效益。

第五章
节约用地　为乡村振兴提供更广阔的天地

“建设不能不搞，吃饭不能不保。”一切建设，从策划、设计到施工，都要贯彻厉行节约土地，节约耕地的原则，能不占耕地的坚决不占，能少占的坚决不多占，农田要高产，村庄要整洁，废弃地不要浪费。

为落实“藏粮于地、藏粮于技”国家战略，保护18亿亩耕地红线，必须长期坚持以农用地整治为重点，大规模建设高标准农田，提高稳产高产农田比重，加大散乱、废弃、闲置和低效利用农村建设用地整治力度，推进“田、水、路、林、村”综合整治，加快改善农村生产生活条件，促进农民增收、农业增效、农村发展，为乡村振兴奠定基础。

一、土地整治内容

习近平总书记指出：“山水林田湖是一个生命共同体，人的命脉在田，田的命脉在水，水的命脉在山，山的命脉在土，土的命脉在树。”如果种树的只管种树，治水的只管治水，护田的单纯护田，很容易顾此失彼，最终造成生态的系统性破坏。土地整治就是通过“田、水、路、林、村”综合整治，以达到提高土地利用率、保障土地资源可持续利用为目的，对未合理利用土地的整理，因生产建设破坏和自然灾害损毁的修复，以及未利用土地的开发等活动。新时期土地整治要向国土综合整治和生态治理转型发展，推进实施山水林田湖系统保护与修复工程，加快生态国土建设。土地整治不再局限于农用地，也不再局限于农村土地，是对“全域”土地的整治。开展城市低效用地再开发和人居环境综合整治，优化城乡格局，促进节约集约用地，改善人居环境；农村地区实施田水路林村综合整治和高标准农田建设工程，提高耕地质量，持续推进农村人居环境治理，改善农村生产生活条件；生态脆弱和退化严重的重点生态功能区，以自然修复为主，加大封育力度，适度实施生态修复工程，恢复生态系统功能，增强生态产品生产能力；矿产资源开发集中区，加强矿山环境治理恢复，建设绿色矿山，开展工矿废弃地复垦利用。

（一）加快高标准农田建设

高标准农田建设是以建设高标准基本农田为目的，依据土地利用总体规划和土地整治规划，在农村土地整治重点区域、基本农田保护区、基本农田整备区等开展的土地整治活动。高标准农田建设通过实施土地平整、灌溉与排水、田间道路、农田防护与生态环境保持等工程，最终形成土地平整、集中连片、设施完善、农电配套、土壤肥沃、生态良好、抗灾能力强的田成方、树成行、路相通、渠相连、旱能灌、涝能排，与现代农业生产和经营方式相适应的基本农田。

1. 土地平整工程

农用地整治中的土地平整，指为满足农田耕作、灌排需要而进行的田块修筑和地力保持措施。常规平地方法采用推土机、铲运机和刮平机等设备，通过土地平整表土剥离、田块基层处理和耕层土壤或客土回填等工序，增加有效土层的厚度，并使原高低不平、大小不一的农田成为田块规整、田面平坦、适宜于机械化耕作的农田。从而使原土壤剖面、结构和性状发生变化。

2. 灌溉与排水工程

灌溉指通过打井及修建渠道等方式，保证农作物生长发育阶段适时提供满足需要的人工补充水量，以提高耕地的灌溉保证率。排水指排除农田多余的地表水和地下水，控制地下水位和防治盐碱化和沼泽化，为改善农业生产条件和保证高产稳产创造良好的条件。通过农田水利工程建设，不但可以提高灌溉保证率和排水条件，还可以控制土壤的盐渍化条件。另外耕作和灌排等措施，可以有效地控制有机质的积累与分解。

3. 田间道路工程

田间道路工程包括田间道和生产路两部分。田间道指连接田块与田块、田块与村庄，供农业机械、农用物资和农产品运输通行修建的道路；生产路是指连接田块与田间道、田块之间，供小型农机行走和人员通行的道路。田间道路工程除了运送农产品和肥料外，还起着连接景观生态廊道作用。

4. 农田防护与生态环境保持工程

农田防护与生态环境保持工程，主要是改善整理区生态环境，在不影响交通和田间生产的前提下，主要是在田间道或生产路一侧或两侧进行防护林或景观建设。该工程改善整理区生态环境的同时，还具有改良土壤和防止干热风危害的作用，最终起到农业高产和稳产的作用。

通过高标准农田建设可增加有效耕地面积，改善农业生产条件和生态环境的活动。整治后的耕地质量平均提升 1 ～ 2 个等别，粮食产能普遍提高 10% ～ 20%。

（二）农村建设用地整治

农村建设用地整治是指对农村地区散乱、废弃、闲置和低效利用的建设用地进行整治，完善农村基础设施和公共服务设施，改善农村生产生活条件，提高农村建设用地节约集约利用水平的活动。通过村庄整治，改变了农村散、乱、差的面貌，特别是一些地方在推进农村土地整治中，注重保持农村特色，保留传统的农耕文化和民风民俗中的积极元素，实现自然环境与人文环境的和谐。

（三）城镇工矿建设用地整治

城镇工矿建设用地整治是对旧城镇、“城中村”和废旧工矿等进行改造，完善配套设施，加强节地建设，拓展城镇发展空间，提升土地价值，提高节约集约用地水平的活动。通过旧城镇、“城中村”整治改变了城乡结合部土地利用效率低 、布局散乱的方式，全面提高城市生态环境质量。通过废弃工矿整治盘活了土地资产，提高工业用地经济密度，实现从粗放型向集约型转变。在严格控制建设用地总量，切实保护耕地的前提下，通过城镇工矿建设用地整理与新增建设用地挂钩，优化土地利用结构和布局，促进土地资源节约、合理和高效利用。

（四）土地复垦

土地复垦是国土整治和环境保护工作的重要组成部分，按照“谁损毁，谁复垦”的原则，生产建设单位破坏土地，大量占用农田，带来许多生态环境问题。一些地方生态环境恶化，土地荒芜，房屋倒塌，路桥断裂，洼地积水，呈现一片破烂不堪、荒衰的景象；废弃土、石、灰、渣肆意堆放，粉尘飞扬，有的造成滑坡和泥石流，水土流失加剧；有毒有害液体、气体的渗漏、溢出，使大范围的环境被污染，严重影响了人民的生活、生产和身心健康。土地复垦是解决采掘、建材等工矿企业与农、林、牧、渔业争地的矛盾，防止环境污染、恢复生态平衡的有效途径。

（五）城乡建设用地增减挂钩

城乡建设用地增减挂钩是依据土地利用总体规划，将若干拟整理复垦为耕地的农村建设用地地块（即拆旧地块）和拟用于城镇建设的地块（即建新地块）等面积共同组成建新拆旧项目区（以下简称项目区），通过建新拆旧和土地整理复垦等措施，在保证项目区内各类土地面积平衡的基础上，最终实现建设用地总量不增加，耕地面积不减少，质量不降低，城乡用地布局更合理的目标。城乡建设用地增减挂钩是国家推出的支持社会主义新农村建设、促进城乡统筹发展、破解保护与保障“两难”困境的一项重要管理措施。

（六）宜农未利用地开发

宜农未利用地开发是对宜农未利用地采取整治措施，以增加耕地面积、改善生态环境为主要目的的活动。宜农未利用地开发要在保护和改善生态环境、防治水土流失和土地沙漠化的前提下，对滩涂、盐碱地、荒草地、裸土地等未利用的宜农土地进行开发利用。当土地条件不能适应土地利用时，就必须通过土地整治，开发土地的功能，消除限制因素，改善土地条件。合理的土地开发可以使土地生态系统的生产力大大提高，生物量也相应增多，改良土地中的障碍因子，但不合理的开发利用会导致向低稳定性生态系统发展，破坏生态平衡。按照内蒙古自治区生态建设的要求，宜农土地资源开发利用的制约因素较多，必须在保护好生态环境、保持水土平衡的前提下，对有水利灌溉条件的地区，结合土地整治、复垦和农业开发工程进行。

二、推进农村土地综合整治

（一）大力开展高标准农田建设

按照“田成方、树成行、路相通、渠相连、旱能灌、涝能排”和“布局合理化、农田规模化、农业科技化、生产机械化、经营信息化、环境生态化”的要求，大规模建设高标准农田，整合完善建设规划，统一建设标准、监管考核和上图入库。统筹各类农田建设资金，做好项目衔接配套，形成工作合力。按照建设优质、集中连片、基础配套的基地化高标准农田保护体系；按照建立高标准农田建设集中投入的要求，重点支持高标准农田集中区的高标准农田整治，积极探索“一部规划，共同实施”的模式，整体配套基础设施，加大农田水利、田间道路、防护林网、电力配套等基础建设，改善生产条件和生态环境。统筹做好高标准农田集

中区内建设用地整治和其他零星农用地整治，将整治新增的耕地划定为高标准农田，实行永久性保护，提高高标准农田集中连片程度。开展土地整治工程，适度开发宜耕后备土地，全面改善相关区域农田基础设施条件，提高耕地质量，巩固提升粮食综合生产能力。

（二）积极开展旱耕地整治

内蒙古自治区耕地面积中旱地比重大，旱地最为突出的问题是缺水，生态环境脆弱，土壤贫瘠和水土流失严重，因此，旱地的持续利用应以旱地水土流失综合整治为核心。在旱地水土流失的综合整治中，应贯彻因地制宜、综合配套、标本兼治、治理与持续利用相结合的原则，并以生态环境建设、工程措施、生物措施和耕作栽培管理等措施为基础，配合土壤改良和培肥地力，从而实现旱地的可持续利用和农业的持续发展，以缓坡耕地整治为重点，开展坡耕地改造，科学规划，合理布局，加强保土、蓄水、节水建设，实现节水、增粮、富民。加强小型农田水利建设与生物、农艺、工程措施相结合，以治沟、治坡为主攻方向，搞好坡面水系治理、水土保持工程、田间道路工程和防护林工程的综合配套，及时更新配置并优化防护林带，提高防护林的整体持续防护功能，构建有效的水土流失综合防治体系，发挥工程综合效益，逐步提高农田综合生产能力。有效推进低洼易涝耕地治理，以改善耕地排水条件为主，合理配置灌排系统，旱涝兼治，提高耕地排除内涝能力。

（三）加快田水路林村综合整治

以耕地面积不减少和质量有提高、建设用地总量减少、农村生产生活条件和生态环境改善为目标，按照政府主导、整合资金、维护权益的要求，整体推进田水路林村综合整治，规范开展城乡建设用地增减挂钩。加强乡村土地利用规划管控。全面推进各类低效农用地整治，调整优化农村居民点用地布局，加快“空心村”整治和危旧房改造，完善农村基础设施与公共服务设施。稳步推进美丽宜居乡村建设，保护自然人文景观及生态环境，传承乡村文化景观特色。

三、加快矿产资源开发集中区综合整治

加大历史遗留损毁地整治

开展矿山地质环境恢复和综合治理，推进历史遗留矿山综合整治，稳步推进工矿废弃地复垦利用，充分挖掘现有工矿用地潜力，制定工业用地节约集约利用的激励政策，改善矿区配套设施及环境景观，盘活土地资产，提高工业用地经济密度，实现从粗放型向集

约型转变。

历史遗留损毁土地由旗县级以上人民政府负责组织实施。在调查评价的基础上，根据历史遗留损毁土地现状情况，结合周边群众生活、生产，因地制宜、先易后难，通过复垦利用，实现节约集约用地和改善生态环境双赢。在严格控制建设用地总量，切实保护耕地的前提下，通过复垦工矿废弃地并与新增建设用地挂钩，优化土地利用结构和布局，促进土地资源节约、合理和高效利用。

四、促进生态屏障建设

筑牢北方重要生态安全屏障，为国家生态安全做出新贡献，努力把北部边疆这道风景线打造得更加亮丽。重点生态功能区坚持保护优先和自然修复为主，建立生态保护长效机制。加强森林、草原、湿地保护，开展沙地沙漠和水土流失区综合治理。禁止在自然保护区内新建矿产资源开发项目，对现有探矿、采矿行为进行限期清理。加强农村牧区环境建设。健全农村牧区基础设施和公共服务投入长效机制，推动基本公共服务和基础设施向农村牧区延伸，转变农村牧区和农牧民生产生活方式，使农村牧区面貌和农牧民生活质量从根本上得到改善，基本公共服务和基础设施建设水平得到显著提升。加大嘎查村绿化和生态环境治理力度，建立以绿色生态为导向的农牧业补贴制度，加大农牧业面源污染防治力度，加强农村牧区污水和垃圾处理等环保设施建设。

第六章

保护土地生态　还农村一片净土

对生态空间内涵的认识是科学划定生态空间的基础。《自然生态空间用途管制办法（试行）》首次明确了自然生态空间的内涵，是指具有自然属性、以提供生态产品或服务为主导功能的国土空间，涵盖需要保护和合理利用的森林、草原、湿地、河流、湖泊、滩涂、岸线、海洋、荒地、荒漠、戈壁、冰川、高山、冻原、无居民海岛等。基于“三生”空间划分的考虑，生态空间涵盖除农业空间、城镇空间之外的所有国土空间。

一、认识土地生态

（一）什么是土地生态

土地生态是以陆地土壤、地形、水文和大气为环境介质和一定相应的生物群落组成一个紧密实体的生态系统。该系统是一个由土地、自然环境、技术、政策、人等生态因子组合而成的有机整体，系统中任何一种因子的变化，都会使自然界原有的土地生态平衡被打破，尽管土地生态系统自身具有一定的恢复功能，但这个功能是有它自身的限度的，超过了这个限度将不能恢复。

（二）什么是土地生态系统保护

将土地作为一个生态整体并用生态学综合手段进行保护就是土地生态系统保护。土地首先是植物生长的生态环境，因此要选择适于该土地生长的植物种植。只有先形成一个土地生态系统，才有基础来保护其土地。在正确认识土地资源与地面生态系统之间科学关系的基础上，采取全面土地生态保护措施。

二、农村土地生态破坏的类型

1. 废弃土地

在各种类型土地的利用过程中，随着人类活动的停止而使得已经使用或开发的土地目前处于闲置、遗弃或未被完全使用的特殊状态，且该类土地需要经过一定的治理才能投入将来的再次利用称为废弃土地。比如农村的废弃打谷场、居民点、集体砖瓦窑等。

2. 水土流失土地

土地水力侵蚀是自然因素和人为因素共同作用的结果。自然因素中主要有气候因素、地形因素、土地因素和植被因素等，它们是产生土地水力侵蚀的基础和潜在因素；人为因素主要是不合理的生产活动，它是造成土地水力侵蚀的主导因素。

3. 盐碱地

盐碱地是受土体中盐碱成分作用的，包括各种盐土和碱土以及其他不同程度盐化和碱化的各种类型土壤的统称。

形成原因：各种盐碱土都是在一定的自然条件下形成的，其形成的实质主要是各种易溶性盐类在地面作水平方向与垂直方向的重新分配，从而使盐分在集盐地区的土壤表层逐渐积聚起来。

4. 污染地

土地因受到采矿或工业废弃物或农用化学物质的侵入，恶化或污染了土壤原有的理化性状，使土地生产潜力减退，产品质量恶化并对人类和动植物造成危害的现象和过程。

按污染源不同，可分为工业污染、交通运输污染、农业污染和生活污染4类。

三、如何保护土地生态

（一）废弃地的复垦再利用

1. 内蒙古废弃地现状

内蒙古废弃地主要集中在工矿废弃地和废弃居民点两方面。全区土地总面积118.3万平方千米，煤炭、有色金属等矿产资源极为富集，期间形成了一大批历史遗留的、无主的工矿废弃地，严重影响了地区生态环境。

据不完全统计，全区工矿废弃地潜力规模约为14万公顷，可复垦规模约3.7万公顷，主要分布在内蒙古自治区103个旗县（市、区）中的89个旗县（市、区）。

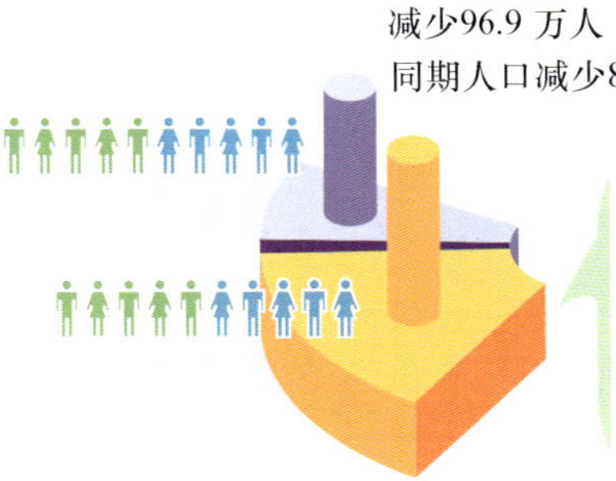

据统计年鉴和土地现状变更调查资料，2009—2013年全区农村牧区人口由1 128.6万人降至1 031.7万人，减少96.9万人；全区农村牧区居民点用地由74.01万公顷增长至75.10万公顷。同期人口减少8.6%，而用地增加1.5%。分析原因，主要是由于大量闲置废弃的居民点未得到很好的复垦利用

2. 废弃地复垦措施

废弃居民点和工矿废弃地的复垦手段，主要包括两个大的方面，即工程复垦技术手段和生物复垦技术手段。工程复垦技术手段包括土地平整、土地整形、土地保护、充填复垦和土体重构等技术；生物复垦技术手段包括土壤改良、植被恢复和菌根技术等。

（二）水土流失防治

1. 内蒙古水土流失现状

根据《内蒙古自治区第一次水利普查公报》，截至 2011 年 12 月 31 日，全区水土流失面积 629 022.35 平方千米。

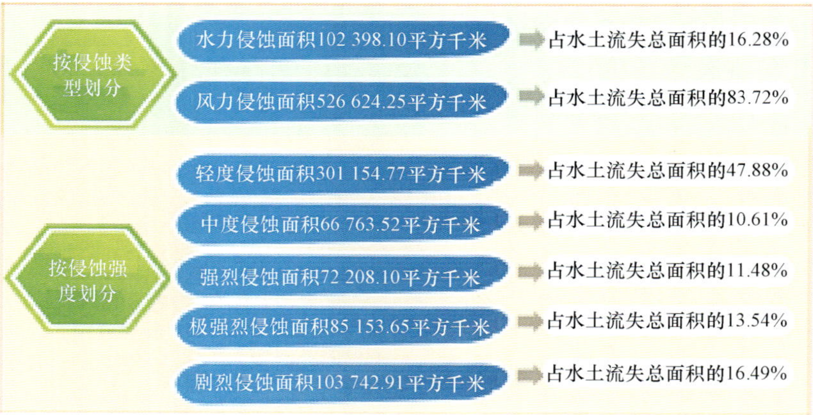

2. 水土流失治理措施

在确定水土流失治理措施时，要坚持因地制宜的基本原则，在基本原则确定的基础上，明确治理目标，把治理生态环境、促进当地社会经济发展和人民生活水平提高有机结合起来，制定针对性的治理措施，做到人与自然的和谐发展，从根本上治理水土流失，打造生态优美的良好环境。

（三）盐渍化防治

1. 内蒙古盐碱地现状

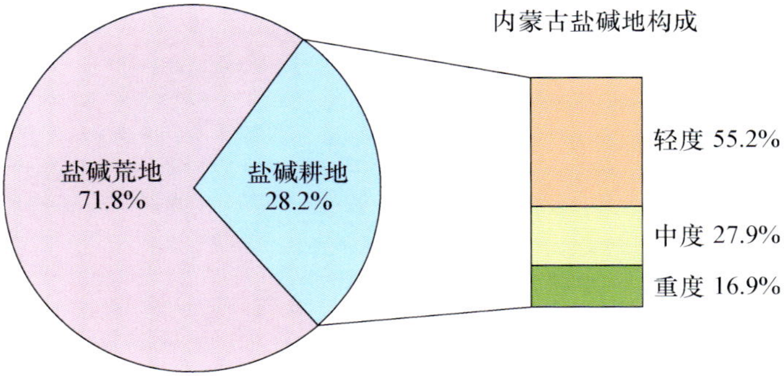

盐碱地是内蒙古土地资源的重要组成部分，根据2012年对全区盐碱地资源及治理情况调查统计，盐碱地面积为5 423万亩，占自治区土地面积的比重为3.0%，其中盐碱耕地面积为1 531万亩，占盐碱地总面积的28.2%，盐碱耕地中轻度、中度和重度盐碱耕地所占的比重分别为55.2%、27.9%和16.9%；盐碱荒地面积为3 892万亩，占盐碱地总面积的71.8%，其中有利用价值的盐碱荒地3 030万亩，占盐碱荒地面积的77.9%，在有利用价值的盐碱荒地

中，从未开垦过的盐碱荒地面积 2 511 万亩，已开垦但撂荒 3 年以上的盐碱荒地面积 519 万亩，两者分别占有利用价值的盐碱荒地面积比重为 82.9% 和 17.1%。

2. 盐碱地改良

（1）水利工程改良措施

渠灌沟排是河套灌区农、牧、林灌溉和治理盐碱地的主要措施之一，也是加快灌区农牧业生产发展的主要途径之一。为了搞好河套灌区农田基本建设，合理灌溉，减少次生盐碱的发生，在黄灌区主要采取渠、沟、路、林、田五配套综合治理措施。

（2）实施有机肥积造新技术，增施有机肥

盐碱地除了盐碱危害以外，干旱、土质瘠薄常常制约着农作物的生长，并伴生着盐碱化程度加重。土壤肥力低的地块，增施有机肥、施用腐殖酸类肥料等治理盐碱地，能起到使土壤总孔隙度增加，有效阻止土壤返盐、加速土壤脱盐、增加培肥地力的效果。

（3）实施深翻深松

河套地区所采用的另一种盐碱治理方法是：所有耕地每三年深翻深松一次。采用机械深翻深松，一般深翻深松深度在 25 厘米以上，可有效减少土壤表层盐碱含量，同时配合施有机肥，秸秆还田或豆科绿肥翻压，时间一般选在秋季。

（4）实施测土配方施肥

对耕地实施测土配方施肥也是盐碱地治理利用的一项有效措施。主要围绕“测土、配方、配肥、供肥、施肥指导”5个环节开展土壤测试、田间试验、配方设计、校正实验、配肥加工、示范推广、宣传培训、效果评价、技术研发9项工作。

（5）实施磷石膏改良碱化、苏打盐化耕地，掺沙掺黏客土改良

对碱化、苏打盐化耕地施用磷石膏改良。施用方法：春季或秋季把磷石膏铺在耕地表面，耕翻后浇水即可。对苏打盐化或碱化表面聚性不显著的耕地，在施用时平铺即可；亩施用量根据碱化、苏打盐化的程度来决定，一般轻度苏打盐化和碱化耕地亩施磷石膏250千克，中度亩施500千克，重度亩施1 000千克。如果和有机肥配合施用，改土效果会更好。

掺沙掺黏，客土改良就是在质地黏重的盐碱地上平铺5~8厘米的沙土或在沙土耕地中掺入黏土，使土壤的机械组成和物理性状得到改善，达到土质疏松、提高保苗率和保水保肥性能增强的效果。

（四）污染地修复

1. 内蒙古土地污染现状

内蒙古常见土地污染类型主要包括三种：有机物污染、重金属污染、固废污染。作为农牧业大省，长期以来土壤污染以有机污染物为主，农药、化肥的污染最为突出。近年来，由于全区农业生产中偏重氮、磷化肥的投入，忽视有机肥和钾肥以及微肥的投入，土壤中钾含量有余而不施或很少施用，因而造成以上土壤质量下降。土壤施用氮肥不当使硝酸盐在土壤中不断富集，导致蔬菜、瓜果等农作物硝酸盐含量超标。农牧交错区是生态脆弱性和变异性表现比较突出的地区，内蒙古农牧交错区总面积 32.81 万平方千米，涉及全区 68 个旗县市。随着现代化农业的发展，农业生产资料的投入越来越多。农药、化肥、地膜等农用物质的不合理和过度使用，以及畜禽粪便等农牧业废弃物的任意排放，造成农牧交错区土壤有机污染有不断加重的趋势。某种程度上，农牧交错区土壤有机污染物已成为目前这些区域水质恶化的一大威胁。

2. 污染土地修复

内蒙古污染土地修复研究发展较晚，目前，生产科研活动中主要采用客土修复、测土配方植树种草以及多种方法相结合的修复模式。这是生物型土壤修复。除此之外，还可以通过物理修复、化学修复、综合修复，让受污染的土壤重拾生命。

客土修复模式：客土法是内蒙古土壤修复领域采取的主要模式之一。该模式对设备操作要求低，修复方法简单且速度快，因此，该方法多用于一些矿山地质环境治理项目以及近年来自治区大力推广的农村土地整治项目。修复主要以剥离表土、客土、翻耕等工程措施为主。

测土配方修复模式：内蒙古存在着约 5 424 万亩的盐碱地，如此大面积的未利用土地已经引起了农业部门的高度关注，近年来，在国家、地方两级政府科研基金的支持下，相关专业的高校、科研院所已经开始了盐碱地土壤改良的试点研究工作，采取的主要改良模式就是测土配方，根据测试结果的不同，有针对性地施以土壤改良肥料。目前，这方面的工作在河套平原和鄂尔多斯地区大力开展，已取得了一定的成效。

植树种草修复模式：植物修复模式是指利用植物提取、吸收、分解、转化或固定土壤、沉积物、污泥或地表、地下水中有毒有害污染物技术的总称。植物修复模式多见于工矿废弃地的复垦项目。由于矿区多分布在土壤肥力较差的地区，再加上采矿造成的重金属污染、塌陷、压占等破坏，土地多半无法复垦为耕地，因此，本着宜林则林宜牧则牧的原则，采取植树种草是内蒙古自治区最常见的修复模式。

四、耕地保护知识小问答

1. 我国土地管理的基本国策是什么？

答：基本国情：人多地少，耕地后备资源严重不足。

基本国策：十分珍惜、合理利用土地和切实保护耕地。

2. 耕地保护对我国经济社会发展有何作用？

答：耕地保护对我国经济社会发展的作用如下：

（1）耕地保护事关我国的粮食安全；

（2）耕地保护事关我国的经济社会可持续发展；

（3）耕地保护事关我国的社会稳定。

3. 什么是土地所有权？

答：土地所有权是土地所有制在法律上的体现，是土地所有者依法对土地实行占有、使用、收益和依照法律做出处分并排除他人干涉的权利，土地所有权分国有土地所有权和集体土地所有权。

4. 什么是土地使用权？

答：土地使用权是指使用人根据国家法律、文件、合同的规定，在法律允许的范围内，对国家和集体所有的土地享有占有、使用、收益和部分处分的权利。土地使用权分国有土地使用权和集体土地使用权。

5. 什么叫征收土地？

答：征收土地是国家为了社会公共利益的需要，依照法律规定的程序和权限，将农民集体所有土地转化为国有土地，并依法给予征地经济组织和被征地农民合理补偿和妥善安置的行为。

6. 什么是基本农田？基本农田保护方针是什么？

答：基本农田是指依据一定时期人口和国民经济对农产品的需求，以及对建设用地的预测而确定的长期不得占用和在基本农田保护区规划期内不得占用的耕地。保护方针是指全面规划、合理利用、用养结合、严格保护。

7. 什么是非法占用耕地罪？

答：非法占用耕地罪是指违反土地管理法规，非法占用耕地改作他用，数量较大，造成耕地大量毁坏的，情节严重，构成犯罪的行为。依照刑法规定和相关的司法解释规定，非法占用基本农田 5 亩以上或者非法占用基本农田以外的耕地 10 亩以上，依法追究刑事责任。

8. 土地整治给“三农”带来哪些好处？

答：土地整治最直接受益的是农民。

（1）土地整治和新农村建设结合，改善了农民的居住条件，村庄整洁、道路通畅、配套设施齐全；改善农民的生活环境，促进了城乡一体化，缩小了工农、城乡差别，逐步实现城乡一体化的目标。

（2）提高耕地质量，增加耕地面积，增强农业抵御自然灾害的能力，实现旱涝保收，高产稳产，改善农民的生产条件；粮食产量增加，土地产出率增加，提高农民收入；将田间道路、生产路建设与“村村通”工程结合起来，打造生态文明家园，促进新农村建设。

9. 破坏耕地行为的表现形式有哪些？

答：破坏耕地行为的表现形式有：

（1）占用耕地建窑、建坟的；

（2）未经批准，擅自在耕地上建房、挖砂、采石、开矿、取土等使土地种植条件遭到破坏的；

（3）因开发土地而造成土地荒漠化、盐渍化的；

（4）占用基本农田建窑、建房、建坟、挖砂、采石、开矿、取土、堆放固体废物或者从事其他活动破坏基本农田，毁坏种植条件的。

10. 乡村振兴、美丽乡村建设应以什么为前提？

答：乡村振兴、美丽乡村建设应以严格保护耕地为前提。

11. 什么是占用耕地补偿制度？

答：占用耕地补偿制度是指非农业建设项目经批准占用耕地的，要按“占多少，补多少”的原则，由占用耕地的单位负责开垦与所占耕地数量和质量相当的耕地，没有条件开垦或开垦的耕地不符合要求的，应当按照省（自治区、直辖市）的规定缴纳耕地开垦费，专款用于开垦新的耕地的制度。

12. 什么是基本农田保护“五不准”制度？

答：基本农田保护“五不准”制度是指不准非农建设占用基本农田（法律规定的除外）；不准以退耕还林为名违反土地利用总体规划减少基本农田面积；不准占用基本农田进行植树造林，发展林果业；不准在基本农田内挖塘养鱼和进行畜禽养殖，以及其他严重破坏耕作层的生产经营活动；不准占用基本农田进行绿色通道和绿色隔离带建设。